Die Meister von Aura-Soma

Sieglinde Ranker

Die Meister von Aura-Soma

ch. falk verlag

Originalausgabe

Umschlagentwurf nach einer Idee von Sonja Ackermann,
ausgeführt von Josef Nysten-Riess

Satz: Plejaden Publishing Service, Boltersen
Druck: Druckerei Sonnenschein, Hersbruck

ISBN 3-89568-030-3
Printed in Germany

Inhaltsverzeichnis

Ich widme dieses Buch allen,
die auf der Suche
nach dem Sinn des Lebens sind.

Allen, die sich einen Meister
an ihrer Seite wünschen,
der ihnen zu ihrer Meisterschaft verhilft.

Ich danke den Aura-Soma-Meistern
für die Einblicke in ihre Arbeit,
den Menschen beizustehen.

Dank auch meinen Freunden,
Sabine Dorr und Isabel Schneider,
die mir bei der Umsetzung
dieses Buches behilflich waren.

Vorwort

Es ist mir eine große Freude, die Gelegenheit zu erhalten, mitteilen zu können, was meiner Meinung nach das Aura-Soma-Konzept in bezug auf die *Meister* darstellt, zu denen wir durch Aura-Soma in Kontakt treten.

Vicky Wall, die Aura-Soma erfand und begründete, pflegte zu sagen, allein das Wählen einer Telefonnummer bedeute nicht, daß man auch einen Anschluß erreicht. Das kann also heißen, daß die Person am anderen Ende der Leitung den Anruf zwar hört, sich aber entschließt, nicht zu antworten; es liegt tatsächlich am Empfänger, zu antworten oder nicht, besonders wenn er nicht einschätzen kann, wer ihn da anruft. Der andere Aspekt dieser Analogie ist, daß Vicky Wall an eine direkte Verbindung – ohne Vermittler zwischen dem Menschen und der Quelle des Daseins – glaubte. Wie also passen die Meister in dieses Bild? Vicky sagte, daß diese entwickelten Wesen deshalb präsent seien, weil sie die Energien der Quelle des Daseins hinunter transformieren, so daß sie die Menschheit annehmen kann.

Ich glaube, dieses Buch unternimmt den Versuch, mit der Quelle in Kontakt zu kommen, und was wir hier lesen können, ist jemandes Interpretation dessen, was zurückkommt.

Ich habe das Manuskript gerne gelesen und ich bin überzeugt, daß es eine Möglichkeit für die Menschen ist, für diesen Aspekt des Bewußtseins, den man die Meister nennt, Verständnis zu erlangen.

Als die pastellfarbenen Fläschchen entdeckt wurden, war eines der großen Ereignisse, daß ein weiteres Set von Paradoxen aufkam. Einerseits gab es die Namen, die den Pastellfarben zugeordnet waren. Und auf der anderen Seite die Tatsache, daß die Kommunikation mit diesen verfeinerten Energien in unserem eigenen Gefühlsbereich stattfand.

Ich fühle, daß die Worte in diesem Buch Wege dazu sind, das Unaussprechliche auszusprechen – zu diesem gegenwärtigen Zeitpunkt. Möge es durch seine Seiten Verständnis bringen.

Mike Booth,
Aura-Soma, England

Vorwort

Die Idee zu diesem Buch entstand Ostern 1995 während meines Aufenthaltes in England, wo ich an einem Aura-Soma-Lehrgang teilnahm.

Jeder Meister teilte mir persönlich auf medialem Wege mit, was er sagen wollte:

„Wir, die Meister, die bei Aura-Soma mitwirken, haben sehr genau gespürt, daß die Menschheit uns noch wenig kennt. Deshalb hat sich Sieglinde bereiterklärt, in ihrer Aura-Soma-Diplomarbeit mehr über uns zu berichten. Diese Inspiration erhielt sie in England, worüber sie zunächst sehr erschrak. Aber wir haben speziell sie dafür ausgesucht, die Worte und das Wissen über uns zu verbreiten..."

Natürlich stellt diese Niederschrift der Worte der Meister meine ganz persönliche Erfahrung dar und erhebt nicht den Anspruch, mit der Auffassung von Aura-Soma U.K. konform zu gehen. Doch die Meister sagten mir: „Herzen sollen geöffnet werden." Das war mein Auftrag. Jeder Leser wird seinen Meister im Herzen spüren. Doch ist auch jeder andere Meister immer für euch da, wenn ihr ihn darum bittet.

Und nun wünsche ich euch, daß ihr die Liebe so aufnehmen könnt, wie ich sie beim Schreiben empfangen durfte.

In großer Verbundenheit
mit meinen Schwestern und Brüdern

Sieglinde Ranker

Die aufgestiegenen Meister

Vor langer Zeit, als die Menschen noch nicht viel von den Meistern wußten, war es nur eingeweihten Personen gestattet, tief in dieses Wissen einzudringen. Nun aber ist es an der Zeit, mehr und Näheres darüber zu erfahren.

Meister gab es immer schon. Und auch auf der Erde wird immer die Meisterschaft angestrebt. Meister wird immer der, der sich über die Masse erhebt und gegen den Strom schwimmt. Denn mit der Masse zu schwimmen, ist ja viel einfacher.

Wir, die aufgestiegenen Meister der Weißen Bruderschaft, haben viele Male auf der Erde gelebt und gewirkt. Jeder von uns hat eine andere Aufgabe, so wie es uns angetragen wurde. Wir alle helfen mit, den Erdenplan zu erfüllen. Unser Ziel ist es, recht vielen Menschen bei ihrem Aufstieg zu helfen. Sehr oft holen wir die Seelen der Menschen des Nachts, wenn sie schlafen, in unsere Tempel und lehren sie, die Gesetze des Lebens zu verstehen und die geistigen Gesetze anzuwenden, um in dem großen Ordnungsplan Gottes richtig mitzuwirken.

Jeder Meister ist auch durch die Erdenschule gegangen. Sonst könnte er vieles nicht verstehen. Wir haben selbst alles durchgemacht und uns geschult und das transformiert, was noch nicht zur Meisterschaft paßte. Der Weg war oft sehr schwer und steinig. Glaubt nur nicht, uns sei etwas erspart geblieben! O nein! Aber es hat sich gelohnt. Denn nichts von alledem, was eine Seele sich erarbeitet hat, geht verloren.

Deshalb verliert niemals den Mut und fangt immer wieder an, wenn es euch auch manchmal recht schwer erscheinen mag, dieses Erdenleben. Es ist eine Schule, und mit jeder neuen Klasse, die man erreicht hat, wächst das Wissen um den Aufstieg. Unzählige Helfer stehen den Menschen zur

Seite. Hand in Hand gehen sie alle diesen Weg mit und lernen so das Miteinander, das Füreinander-da-Sein, vom Kleinsten bis zum Größten. Alle sind aufgerufen, den Weg, der zu Gott führt, mitzugehen!

Vieles, was ihr tut, ist oft unnötig. Aber das alles zählt nicht. Wichtig ist nur der gute Wille und das Tun. Immer ist trotz allem etwas dabei, das uns erkennen läßt. Und wenn es das Leid war, so wachsen wir auch daran. Die geistige Welt sieht euer Bemühen und hilft mit, wenn ihr darum bittet.

Die Aufgabe der einzelnen Meister ist es, die Schüler in ihre Aufgaben einzuführen. Euer Schutzengel geht immer diesen Weg mit und mahnt, wenn der Mensch ganz von seinem Weg abkommt. Das spürt man dann im Herzen. Man ist mit sich unzufrieden und fühlt einfach, daß etwas anders werden müßte.

Und so arbeiten alle mit, um dem Menschen bei der Erfüllung seines Lebensplanes beizustehen, den er sich ja vor seiner Inkarnation mit Hilfe des Karmischen Rates vorgenommen hat. Diesem Rat sind übrigens auch die Meister zugeteilt.

Nun wollen wir beginnen, jeden einzelnen Meister vorzustellen, und zuallererst werde ich über mich erzählen:

El Morya

Ich, *Meister El Morya,* hatte auf Erden vor langer Zeit schon viele Namen. Und viele Wesen sind mit mir Seite an Seite gegangen. Ob ihr das nun glaubt oder nicht! Immer wieder haben wir versucht, mehr Licht in diese Welt zu bringen, sei es in der Zeit der Kreuzzüge gewesen oder zu anderen Zeiten. Fast in jedem Land war ich eine tragende Figur mit Rang und Namen. Immer habe ich mich für das Gute in der Menschheit eingesetzt.

Doch das Bewußtsein der Menschen war noch verdunkelt, und so bin ich mit manchen von euch auch schon umgebracht worden. Denn ihr wißt ja: Wo Licht ist, ist der Schatten nicht weit! Meine Aufgabe bestand darin, das Licht, die Kraft und die Stärke zu bringen, um die Menschheit wachzurütteln. Aber wie weit war der Mensch noch von dem Göttlichen entfernt! Es gelang mir schon, kleinere Gruppen, sogenannte Eingeweihte, um mich zu versammeln. Aber das war im Grunde noch zu wenig, um zu helfen. Erst jetzt, in dieser Endzeit, ist es möglich, der breiten Masse das spirituelle Wissen zu vermitteln. Und dazu brauchen wir immer Menschen, die gewillt sind, sich als Kanal zur Verfügung zu stellen, um dieses Wissen aus unseren Ebenen einfließen zu lassen.

Eins sollte euch gewiß sein: Es liegt uns sehr daran, der Menschheit beizustehen und zu helfen, ihr Leben in den Griff zu bekommen, damit jeder einzelne ein brauchbares Mitglied unserer Zeit wird, in der sich so vieles zum Guten verändern wird. Jeder ist dazu aufgerufen, sein Ziel zu erreichen.

Ich, der ich dem Blauen Strahl vorstehe (es ist der erste Strahl des Farbspektrums), vertrete den Willen Gottes, den Glauben, die Güte und die Kraft. Ich war Melchior, einer der Drei Weisen aus dem Morgenland. Bekannt wurde ich auch als König Arthus der Ritter der Tafelrunde. Zusammen mit *Meister Kuthumi* haben wir die Theosophische Gesellschaft gegründet. Bei vielen Zusammenkünften war ich zugegen. Immer haben wir mit der Erdenwelt engen Kontakt gehabt. All dies geschah nicht zufällig, sondern immer nach dem weisen Plan Gottes, ohne den wir nie etwas tun. Wir verschmelzen in seinem Licht.

Zu verschiedenen Zeiten gelang es mir, Schüler, die den Weg mit mir gehen wollten, zu schulen. Viele von euch waren mit dabei. Im Tempel der Kraft, in dem die Schüler sehr oft nachts weilen, wenn der Körper schläft, holt ihr euch die Kraft, die ihr für eure Aufgaben braucht. Nur eurem Verstand, dem gefällt es nicht, die Kontrolle zu verlieren. Deshalb läßt er es nicht zu, eure Träume mit in das Tagesbewußtsein zu nehmen. Doch wenn ihr vor dem Zubettgehen darum bittet, wird euch so mancher Wunsch erfüllt werden. Nur wichtig bei alldem ist ein reines Herz, ein Sich-mit-uns-Verbinden! Denn ihr habt einen freien Willen, und den müssen wir respektieren. Die Bitte muß also von euch kommen!

Das Wissen um die geistigen Gesetze, die jeder Schüler kennen muß, ist uns auch ein großes Anliegen. Denn ihr wißt ja: ERKENNEN – WISSEN – TUN! Das ist die Reihenfolge. Sonst geht es nicht. Wir müssen den Weg erkennen, den wir beschreiten sollen. Durch dieses Wissen gelangen wir zum Tun.

Wir beobachten sehr genau die Beweggründe eines jeden Schülers, ob er sich mit den geistigen Gesetzen beschäftigt, sie lebt und anwendet. So wie es irdische Gesetze gibt, gibt es die geistigen, die jedem Schüler vertraut sein sollten.

Dieser erste Strahl, der mir unterstellt ist, stellt die Göttliche Ordnung im Kosmos dar. Alles Wissenswerte darüber werde ich euch jetzt erklären:

Das gesamte Universum ist bis ins Kleinste in eine Ordnung eines Planes aufgeteilt. Nichts wird dem Zufall überlassen. Viele Wesen helfen mit, daß ein Rad in das andere greift. Es ist in gewissem Sinne wie auf der Erde. Es wird auf die genaue Einhaltung dieser Ordnung geachtet. Die Sterne, die Planeten, alle ziehen ihre Bahnen nach Gottes Plan.

Erzengel Michael untersteht auch diesem ersten Strahl. Er ist der Anführer der Gottesarmee, des Heeres der Lichtschreiter. Wo er sein Flammenschwert einsetzt, herrscht Ordnung. Eine ganze Legion der Heerscharen untersteht seinem Kommando.

Dieser erste Strahl läßt Willensstärke wachsen. Er läßt Frieden über der ganzen Welt erstrahlen. In die Herzen der Menschen soll er einziehen! Jedem Einzelnen von euch soll es ein großes Anliegen sein, diesen Strahl zu erarbeiten. Das Blau des Himmels sollte in jedes Herz einziehen, um Ruhe, Frieden, Schutz, Vertrauen und Inspiration zu schenken. Dies alles sind Tugenden des ersten Strahls. Und um diese Ziele zu erreichen, bin ich da. Jeder, der diese Tugenden erlangen möchte, kann sich an mich wenden! Und wir werden dann gemeinsam dieses Ziel angehen und je nach Eifer auch erreichen!

Alle Veränderungen, die im Kosmos stattfinden, werden von dem Blauen Strahl mit der Kraft und dem Wissen der Stärke durchflutet. Alle wissenschaftlichen Erklärungen würden hier nur stören. Wir Meister wollen nur der Menschheit zeigen: Es ist Hilfe da! Sehr viel sogar! So viel, daß es der menschliche Verstand nicht nachvollziehen kann. Aber, wie schon gesagt, wir müssen gebeten werden! Dann stehen wir mit Rat und Tat gerne zur Seite.

Und euch allen, die ihr dies lest, ist das nichts Neues. Neu ist vielleicht das Wissen um jeden Meister, seine Arbeit, seine Tugenden, die er vertritt, und seine Liebe, die er durch sein Wirken schwingen läßt. Sie läßt auch eure Herzen höher schlagen. Und einen Meister an seiner Seite zu haben, ist schon ein großer Fortschritt auf eurem Weg. Jeder wird sich zu dem Meister hingezogen fühlen, der seiner Schwingung am nächsten kommt, jedoch auch seiner Aufgabe, die er sich für dieses Leben vorgenommen hat.

Und nun übergebe ich *Meister Kuthumi* das Wort.

Ich verabschiede mich und verspreche allen meinen Schülern, die die Meisterschaft antreten, meinen Schutz, meine Mithilfe und meine Führung.

In Liebe
El Morya

El Morya

Balance-Flasche B 50
Quintessenz Q 1

Meister Kuthumi

Mir, *Kuthumi*, untersteht der zweite Strahl, der gelbe Strahl. Zu ihm gehören das Licht, das Wissen, die Freude und die Heiterkeit. Ich grüße die Erdenkinder mit großer Freude und Liebe.

Vieles ist mir noch sehr vertraut, was so eine Menschenseele durchzumachen hat. Doch mein Hauptanliegen sind die Tiere. Da ich mich für sie eingesetzt habe und auch ihre Sprache verstand, konnte ich auch ihre Not spüren. Ich lebte mit ihnen. Mein Name auf Erden, der letzte meiner vielen Inkarnationen, war Franz von Assisi, und auf Bildern bin ich immer mit meinen geliebten Tieren zu sehen.

Es ist eine wunderbare Aufgabe für mich, in den Menschen die Liebe zu den Tieren zu wecken. Jeder, der mit Tieren verbunden ist, ist nun, ob er es weiß oder nicht, ein Helfer aus meinem Reich. Nachts sind diese Helfer oft in unseren Welten, dort, wo die Weisheit wohnt und haben sich uns zur Verfügung gestellt, um das Los der Tiere zu erleichtern. Und wir danken es jedem Menschen durch die Tiere, die besonders viel Liebe, Treue und Anhänglichkeit zeigen.

Das Feenreich, die Devas, die Gnome und die Zwerge; alle sind zum Schutze für Mensch und Tier da. Und es ist erlernbar, ihre Sprache zu verstehen. Wer ein offenes und reines Herz hat und den tiefen Wunsch, der wird es fühlen.

Mich kann jeder rufen, der Hilfe für ein Tier braucht oder sich von Herzen eines wünscht. Auch die Pflanzen und das Mineralreich unterstehen mir. Und jedem, der mit Steinen arbeitet, stehe ich gern zur Seite. Ich lasse auch das Verständnis zu Tieren, Pflanzen und Mineralien wachsen. Denn alles lebt und will geliebt und geachtet werden. Wenn man mit allem liebevoll umgeht, spürt man einen tiefen Frieden in seinem Herzen. Und solche Mitarbeiter brauchen wir ganz dringend im Weinberge Gottes.

Auch ich bin schon vielen von euch in manchen Inkarnationen begegnet. Wir Meister kennen die Beweggründe der Menschen und warten oft nur, daß doch endlich diese oder jene Seele erwachen möge, um ihre Lebensaufgabe zu übernehmen. Oh, da sähe es auf eurer Welt schon anders aus!

Und damit das Erwachen leichter vonstatten geht, wurde ja auch Aura-Soma den Menschen in die Hände gegeben. Und die Pflanzen, das Mineralreich, alles hilft da mit, den Menschen ihr altes Wissen wieder in Erinnerung zu bringen. Damit aus der Verwirrung des Nichtwissens, aus dem Wie? – Wo? – Was?, das Erkennen erwächst. Damit aus der Verwirrung die Weisheit entsteht.

Und das ist meine Aufgabe dabei. Wir, und das sind sehr viele, helfen mit bei dieser Umwandlung. Auch der Weg zur Erleuchtung ist dann nicht mehr weit und führt den Menschen zur All-Liebe, weil man erkennt, daß alles eins ist, daß alles lebt und zur Transformation dieses Planeten gehört.

Ich warte auf euren Ruf, und ich werde Wege finden, euch Hilfe zu gewähren.

Nun grüße ich euch in tiefer Liebe
Kuthumi

Kuthumi

Balance-Flasche B 51
Quintessenz Q 2

Serapis Bey

Ich, *Meister Serapis Bey,* vertrete den vierten Strahl. Er ist kristallweiß und erstrahlt in höchster Reinheit. Mir untersteht alles, was auferstehen möchte. Die Tugenden sind Klarheit und Reinigung, die jetzt besonders für euren Planeten angesagt sind, bis hin in die kleinste Zelle eures Körpers. Ihr müßt euch vorstellen, wie weit die Verschmutzung der Erde schon fortgeschritten ist. Und die Reinigung kann nur mit eurer Hilfe geschehen!

Deshalb rufe ich jeden einzelnen meiner Schüler auf: Werdet wach! Hört den Ruf und folgt mir wieder in den Lichtpfad, der euch aufsteigen läßt, der euch in die Erleuchtung führt, der euch die Klarheit der Erkenntnis gibt, die ihr euch schon erarbeitet habt. Jeder, der die Reinheit liebt, wird den Aufruf in seinem Herzen vernehmen.

Ihr Kinder der Erde, besinnt euch! Denkt um und erwacht! Spürt euer Sehnen nach einer Welt, in der wieder Verständigung unter den Menschen herrscht. Zieht eure alten Kleider aus, die vollgesogen sind mit Vorurteilen, Blindheit, Schwere und Leid!

Zieht euch leichte Kleidung an, die die herrlichen Sonnenstrahlen durchläßt. Kleidung, die euch nicht beengt! Laßt alles Alte los! Wenn ihr den Lichtweg geht, ist alles Alte nur eine Bürde, eine Last. Reinigt euch von all den alten Anschauungen, den Traditionen! Das sind Hemmschuhe für den Weg der Erkenntnis und des Aufstiegs. Laßt die Aufstiegsflamme lodern! Seid ein Lichtstrahl für eure Mitmenschen, die noch zaudern! Reiht euch ein in die Reihen der Lichtträger und tragt das Licht, das reine, hinaus in die Welt! Laßt es leuchten und fangt an bei eurem Körper! Mutet ihm nicht so viel zu, eurem Tempel der Seele! Leuchten soll er! So wie ihr eure Fenster putzt, daß sie klar und sauber sind, so putzt auch eure Seelenfenster, damit ihr weit schauen könnt auf das, was noch vor euch liegt!

Liebevoll möchte ich den Weg mit euch gehen. Eine liebende Hand streckt sich euch entgegen, um mitzuhelfen, euren Weg leichter zu machen. Damit er klarer wird, damit ihr euren Lebenssinn findet. Fragt ihr euch nicht manchmal: Was ist eigentlich der Sinn dieses Lebens?

Der Sinn ist es, all das, was ihr euch vorgenommen habt, zu verwirklichen, es in diesem Leben auch zu tun. Es freudig zu tun, es liebevoll zu tun!

Aber zuallererst muß ich erkennen, daß es mehrere Leben gibt. Daß ich diesen Erdenweg schon oft gegangen bin und mich dabei nach dem Sinn des Lebens gefragt habe und doch nicht begriff, worin er liegt. Ich habe das Leben oft sinnlos vorbeiziehen lassen, und deshalb bin ich dieses Mal hier, um aufzusteigen, um höher zu steigen auf der Himmelsleiter. Sprosse um Sprosse. Und immer leichter soll der Aufstieg geschehen. Immer mehr Ballast werfe ich ab. Immer reiner werden meine Gedanken. Immer mehr durchlichtet sich mein Körper. Altes, Belastendes werfe ich ab. Ich übergebe es vertrauensvoll an meine Lichtfreunde. Die sollen mir helfen, loszulassen und meinen Weg zu gehen.

Und gerne sind wir alle hier bereit, mitzuhelfen. Aber ihr wißt, ihr müßt uns bitten. Nichts anderes ist zu tun, als den Vater um Hilfe zu bitten. Dann eilen viele Lichtwesen herbei, um eure Bitte zu erfüllen.

Einen guten Rat kann ich euch noch geben: Arbeitet mit Steinen! Besonders der Bergkristall kann euch viel Klarheit geben. Laßt diesen Stein zu euch sprechen! Lernt, mit ihm umzugehen!

In vielen Steinen sind Informationen für die Zukunft gespeichert, und viele Menschen sind darauf vorbereitet worden, diese Informationen zu entschlüsseln, wenn es an der Zeit ist. Was glaubt ihr, wieviel Wissen in vielen von euch noch brachliegt? Aber zu gegebener Zeit wird es aufsteigen aus dem Unterbewußten, und ihr werdet einen großen Sprung in eurer Entwicklung machen.

So verabschiede ich mich nun und wünsche euch, daß ihr Klarheit anstrebt in eurem Leben und daß ihr aufsteigt und wir uns alle die Hände reichen können.

In Liebe und Freude
Serapis Bey

Serapis Bey

Balance-Flasche B 54
Quintessenz Q 5

Hilarion

Ich, *Meister Hilarion*, bringe die Wahrheit in euer Leben und grüße die Erdenkinder auf das herzlichste.

Ich komme vom fünften Strahl, und der strahlt in Grün und bringt die Heilung auf die Erde. Harmonie und Entscheidungskraft sind die Tugenden dieses Strahles. Die braucht ihr ganz, ganz notwendig! Schließt des öfteren eure Augen und stellt euch diesen grünen Strahl vor, wie er euch durchflutet! Wie er euch frei macht! Euch Raum schafft zum Atmen!

„Ich bin der Weg, die Wahrheit und das Leben." Diese Worte sind euch gut bekannt. Wenn ihr in der Wahrheit lebt, erhebt ihr euch aus der Masse und geht den Weg zu Gott. An meiner Seite werdet ihr den Aufstieg wunderbar schaffen. Ich bringe euch Heilung auf allen Ebenen. Alle Menschen, die in irgendeiner Weise Heilung oder Heil bringen möchten, können mich rufen. Und gemeinsam ist es immer leichter, diesen Weg zu gehen.

Kinder der Erde, seid Heilbringer! Geht, so oft ihr könnt, daran, Heilung auszusenden! Sei es durch eure Hände, durch Worte oder direkt aus dem Herzen! Laßt nicht nach! Die Erde braucht jetzt sehr viele Helfer und Erwachte, die begriffen haben, daß es „fünf vor zwölf" ist, daß überall Hilfe so dringend nottut! Aber bedenkt stets: Erst müßt ihr selbst heil sein! Ihr vergeßt euch selbst allzu oft! Laßt die Heilkräfte zuerst durch euch selbst fließen und gebt sie dann weiter an die Welt. Es ist schön, wenn man gebraucht wird. Doch denkt immer daran, daß das Heil-Sein aus der Seele kommt.

Ich habe der Menschheit in vielen Leben Heilung gebracht. Auch wenn es nicht bekannt war, denn auch ich hatte schon viele Namen auf dieser Erde, und vielen von euch bin ich recht gut bekannt. Ihr sitzt des Nachts sehr oft in meinem Kreise und lauscht, was wir euch zu sagen haben. Viele lernen am Tage, und nachts wird das erlernte Wissen vertieft.

In jeder Zelle habt ihr Wissen gespeichert. Doch wichtig ist es, daß ihr an euer Wissen gelangt, das ihr euch in vielen Leben bereits erarbeitet habt. Es kommt auf eure Aufgabe an, die ihr hier erfüllen wollt. Und je nachdem fließt euch das Wissen dann wieder zu. Wenn ihr euch frei gemacht habt von Begrenzungen, von Ignoranz und Vorurteilen, dann steht euch das Wissen wieder zur Verfügung. Nicht in jedem Leben braucht ihr euer gesamtes Wissen. Sehr oft wurde es weggenommen, wenn Machtmißbrauch wieder gutzumachen war. Ihr seht, eine Blockade oder ein Mangel, der in diesem Leben herrscht, oder ein Lernen, das man nicht begreift, zeigt eine Sperre an, um daran zu wachsen. Und ein Mensch mit einem hohen Wissen und hoher Intelligenz kann in einem anderen Leben in der Schule überhaupt nicht mitgekommen sein. Immer wird alles auf unserer Lebensaufgabe aufgebaut: „Soll ich in diesem Leben mit den Händen mein Brot verdienen?" „Werde ich Noten haben, die mich nicht auf eine höhere Schule zulassen?" So müßt ihr das sehen! Immer. „Was soll ich lernen?" „Was ist meine Lebensaufgabe?" Oft ist es ein Abtragen einer alten Schuld, ein Einsichtig-Werden einer Situation.

Die Erdenwege sind nicht leicht. Und auch ich, der ich Apostel Paulus war, war zuvor ein Saulus und mußte an mir arbeiten, um vor Jesus zu bestehen. So war Jesus mein Meister und hat mir zu meiner Meisterschaft verholfen. Und so stehe ich jedem ernsthaft sich bemühenden Schüler gerne zur Seite, wenn er mich ruft.

Laßt mich euch die Wahrheit bringen und öffnet eure Herzen zum Heile eurer Erde!

In Liebe
Hilarion

Hilarion

Balance-Flasche B 53
Quintessenz Q 4

Djwal Khul und Hilarion

Balance-Flasche B 63

Lady Nada

Ich, *Lady Nada*, bin zu euch gekommen, um euch die Liebe näherzubringen. Ich vertrete den sechsten Strahl, den rosa Strahl, die allumfassende Liebe. Liebe zu allem und jedem. Liebe ist das höchste Gebot im Universum und wird doch, ach, so oft verletzt durch die Lieblosigkeit, die versucht, sich in alles einzuschleichen. Wißt ihr denn nicht, daß die Liebe alles heilt? Daß sie uns Gott näherbringt?

Ihr meine geliebten Brüder und Schwestern! Wollt ihr den Weg mit mir gehen? Ich führe euch durch die Welt der Lieblosigkeit hindurch zum Tempel der Liebe. Dort könnt ihr euch laben und für alles Schöne und Reine öffnen. So wie eine Rose ihren Duft verströmt, so sollt ihr an eurem Duft erkannt werden, der von eurem Herzen herausströmt. Das Licht, die Liebe und die Musik; all das hilft mit, eure Liebeskraft zu entwickeln.

Auch ich mußte sehr viele Prüfungen über mich ergehen lassen, bis ich meinen jetzigen Stand erreicht hatte. Aber ich gebe euch mein Wort: Es ist möglich. Alles ist möglich. Denn bei Gott ist nichts unmöglich! Viel Geduld und Toleranz sind notwendig und Erkenntnis, um die Liebe fließen zu lassen. Wo die Liebe wohnt, gedeiht alles viel, viel besser und wirkt wie ein Magnet, der alles anzieht, was schön und harmonisch ist. Und sie erleichtert euer Leben so sehr. Sie öffnet die Herzen eurer Mitmenschen! Und wenn ihr nun Licht und Liebe aussendet, ist dies euer bester Schutz.

Ich kenne viele von euch. Und wenn ihr des Nachts in den Tempel der Liebe kommt, so könnt ihr da auch Mutter Maria treffen. Denn wo sonst wäre ihr Platz?

Liebe – das sind wir alle! Bemüht euch stets zu vergeben, und laßt die Liebe einfließen in die geöffneten Herzen, wann immer ihr nur könnt. Ich bin euch sehr nahe und freue mich unbeschreiblich, wenn ich so ein geöffnetes Herz vorfinde, in dem der Funke der Liebe schon erglommen ist, der nur noch mehr angefacht werden muß, um stark und fest zu glühen.

Schaut euch doch einmal eure Mitmenschen an! Wie gut tut ein Lächeln! Wie taut es oft Menschen auf, die in ihrem Leid die Schönheiten dieser Welt gar nicht mehr sehen. Schaut ihnen ins Gesicht! Versucht dieses Gesicht zu erkennen aus alter Zeit, ein Gesicht, das euch vielleicht schon einmal lieb und vertraut war. Wie würdet ihr anders reagieren, wenn euch der Nächste sein wahres Gesicht zeigen würde: das göttliche, das euch vertraute! Deshalb seht in jedem eurer Mitmenschen das Gute, um der Barmherzigkeit willen, und zündet das Licht in ihm an, damit er sich wohlfühlt in eurer Nähe und eure Wärme spürt. Gebt eure Liebe jedem und allem. Ob Tier, Pflanze oder Mensch. Dann habt ihr erkannt, was die All-Liebe ist, die Alles-Liebe. Alles sucht und braucht sie! Wo die Liebe nicht wohnt, da friert man. Da gibt es kein Gedeihen! Da erstarrt alles!

Oft ist es nur Gedankenlosigkeit, wenn die Menschen vergessen, Liebe auszustrahlen. Und wenn ihr mit jemandem nicht so gut auskommt, sendet ihm, ohne daß er es weiß, Liebe.

Tut auch eure tägliche Arbeit mit Liebe und einem Lächeln auf den Lippen. Flink geht euch da alles von der Hand, weil die lichten Kräfte euch beistehen!

Ach, ihr, meine geliebten Freunde! Könntet ihr nur sehen, wozu ihr fähig seid! Ihr würdet nicht mehr nachlassen, Liebe zu verbreiten. Und viele haben sich dazu bereiterklärt, die vom Strahl der Liebe kommen, mit mir diesen Weg zu gehen. Und ich erkenne sie daran, daß in ihrem Herzen eine rosa Rose erblüht. Und je mehr sie damit arbeiten, also die Liebe fließen lassen, um so größer und strahlender wird diese Rose, deren Duft über alle Lebewesen ausströmt.

Die bedingungslose Liebe ist die Tugend des sechsten Strahles. Sie beruhigt einen rastlosen Geist! Sie hilft die Rolle der Frau wieder positiv zu sehen, Aggressionen abzubauen und damit die Welt lichter und liebevoller zu gestalten!

So grüße ich euch in großer Liebe
Eure Seelenschwester Nada

Lady Nada

Balance-Flasche B 52
Quintessenz Q 3

Saint Germain

Nun bin ich an der Reihe, *Saint Germain.* Besser bekannt als Josef, der Erdenvater von Jesus. Auch ich habe schon viele Namen geführt auf dieser Erde. Vielen war ich Weggenosse. Das wird euch klar werden, wenn ihr mit mir arbeitet.

Doch jetzt ist es meine Aufgabe, den siebten Strahl, die Violette Flamme, zu vertreten. Die Tugenden dieses Strahles sind die Umwandlung, Reinigung, Gnade, Barmherzigkeit, Mitgefühl und noch vieles mehr. Dieser Strahl ist jetzt für das beginnende neue Jahrhundert ein sehr wichtiger, da er die Umwandlung der Erde bewirkt, ihre Transformation. Und mit der Erde auch die in jedem Menschen. Deshalb ist es so wichtig, daß ihr lernt, mit diesem Strahl zu arbeiten, daß ihr diese reinigende, machtvolle Kraft benutzt, um euch von all dem zu befreien, was euch noch belastet.

Wenn ihr das Violette Feuer bittet, euch beizustehen, euch bei der Umwandlung aller negativen Gedanken, Formen, Muster, Erlebnisse und bei allem, was bereinigt werden soll, behilflich zu sein, so werdet ihr manches Wunder an euch selbst erleben. Alle Schatten, die euch anhaften, alles, was euch auf dem Weg zum Licht behindert, gebt es ab! Laßt diese Flamme die Arbeit für euch tun! Ruft uns an und laßt euch helfen! Geht mit uns eine Partnerschaft ein, die euch Glückseligkeit bringen kann, wenn ihr mit uns arbeitet.

Diese umwandelnden Kräfte sind jedem zugänglich, der mithilft, der bereit ist, diese göttlichen Tugenden in die Welt zu tragen, und der bei sich selbst damit anfängt. Wir helfen dann mit, das Karma umzuwandeln. Denn alleine das Karma eines einzigen Menschen wäre oft nicht zu ertragen, es würde ihn erdrücken, wenn nicht die Größe der göttlichen Gnade diese reinigenden und erlösenden Strahlen vorgesehen hätte.

Es ist noch soviel Unverständnis auf dieser Erde, und deshalb ist alles im Wandel, am Abtragen und Verarbeiten. Leicht war es noch nie, dieses Erdenleben. Aber es ist zu leben, mit der richtigen Einstellung, mit dem Bewußtwerden der Kräfte, die in euch stecken, die euch freier machen und euer Umfeld verändern.

Wenn ihr nicht mehr weiter wißt, ruft mich an! Meine Liebe ist euch gewiß und meine Zuneigung und mein Verständnis. Denn ich habe selbst alle Probleme am eigenen Leibe erfahren. Nichts ist mir fremd. Und das sollte euch Mut machen, meine Hilfe auch anzunehmen. Besonders, wenn ihr Ruhe braucht, wenn ihr eine Beruhigung braucht. Dann nämlich wird dieser Strahl Ruhe und Heilung in euren Körper bringen. Und auch eure weiblichen und männlichen Anteile könnt ihr damit in Einklang bringen. Stellt euch einfach vor, ihr badet in diesem Violetten Strahl. Laßt diesen Strahl zum Kopf hereinfließen, und er nimmt alles mit, was noch Belastendes an euch hängt. Und ihr geht aus diesem Bad frischer und freier hervor.

Arbeitet mit dieser Flamme! Das lege ich euch ans Herz! Sie hat eine unsagbare Wirkung! Spirituell macht ihr einen großen Schritt, wenn ihr regelmäßig dieses Reinigungsbad benützt; aber unterzieht ihm auch eure Häuser, die Wohnung, die Kleidung, alles, von dem ihr glaubt, daß es Reinigung braucht, daß es lichter werden soll. Laßt die Violette Flamme hindurchwirbeln. Und sie erfaßt alles und wandelt alles um!

Der Amethyst, als Edelstein, hat auch diese Wirkung und unterstützt diese Arbeit. Wenn ihr ein Problem habt, könnt ihr aber auch *„die heilige Amethyst"* bitten, es in ihr Herz aufzunehmen. Denn sie ist das *Herz des Violetten Feuers.* Und sie wartet nur darauf, genauso wie ich, bei diesem Reinigungswerk, bei dieser göttlichen Gnade mitzuwirken. Ruft sie, sooft ihr Hilfe braucht. Sie wird alles mit dem starken Feuer der Umwandlung bereinigen und euch beistehen.

Die Violette Flamme, die jetzt jedem Menschen zur Verfügung steht, war in den vergangenen Jahrhunderten nur Eingeweihten – und derer gab es nicht viele – zugänglich. Nun aber kann jeder die Zusammenarbeit mit den großen aufgestiegenen Lichtwesen anstreben. Diese Freunde im Licht reichen euch die Hand und sind gerne bereit zu helfen, wenn ihr eine ehrliche Vergebung wünscht. Auch mir stehen sehr viele Helfer zur Seite, die nur darauf warten, den Menschen beizustehen.

Wir sind keine Legenden! Nein!! Wir sind starke Energien, die ihr gar nicht aushalten könntet, würden wir plötzlich vor euch stehen. Doch wenn wir miteinander arbeiten, gehen wir langsam aufeinander zu. Und ihr merkt sofort, daß eure Räume freier, lichter und lieblicher werden, daß ihr euch getragen fühlt, daß die Seele Nahrung bekommt.

Deshalb, meine Schüler, sehen wir uns sehr oft nachts, wenn ihr eure Körper zur Ruhe gebettet habt. Da sind wir uns ganz nahe, weil wir uns mit unseren Seelenkörpern begegnen und ihr mit uns schwingt. Das ist eine Freude, die nicht zu beschreiben ist. Arbeitet an euch! Legt alles ab, was nicht mehr wichtig ist. Und immer mehr Wissen dürfen wir euch dann übermitteln.

Und nun, ihr Freunde meines Herzens! Euch alle brauche ich, um für das Neue Zeitalter viele standfeste Mitarbeiter zu haben. Den Umgang mit dem Violetten Feuer sollte deshalb jeder Schüler anstreben. Ich stelle euch meine Violette Flamme zur Verfügung! Macht regen Gebrauch davon!

Meine Liebe begleitet euch auf allen Wegen.
Saint Germain

Saint Germain

Balance-Flasche B 56
Quintessenz Q 7

Jesus Christus

Ich, *Jesus, der Christus,* grüße aus meinem großen Herzen der Liebe all meine Jünger, die mir nachfolgen und meine Botschaft in die Welt tragen.

Alle seid ihr aufgerufen! Alle sollt ihr im Weinberge des Vaters mit mir arbeiten! Jeder darf sich mein Jünger und mein Schüler nennen, der gewillt ist, sein Herz rein zu halten, und der mithilft, meine Liebe, die ständig fließt, auszustrahlen.

Spürt ihr denn nicht, wie oft ich euch nahe bin? Wo ich nur kann, weile ich in eurer Mitte. Ich bin doch euer Bruder! Und unser Vater hat uns ausgesandt, diese Welt wieder in das Licht zu heben. Lange, lange war er dunkel, dieser Planet. Aber jetzt ist es an der Zeit, daß ihr aufwacht und alles ausführt, was ihr euch vorher, bevor ihr in dieses Leben gegangen seid, vorgenommen habt. Viel Zeit haben wir doch damit verbracht, euch mit allem zu schulen, damit ihr für diese Phase der Umwandlung gerüstet seid. Ihr wart alle so zuversichtlich: „Dieses Mal wird alles anders! Dieses Mal, *Bruder Jesus,* stehen wir fest hinter Dir!“

Und nun rufe ich: Wo seid ihr? Hört ihr meinen Ruf, der durch die Welten hallt? Wacht auf! Es ist an der Zeit! Gemeinsam sind wir stark! Gemeinsam haben wir Pläne geschmiedet!

Ich mit euch und ihr mit mir! Und alle Meister waren zugegen! Alle! Nicht einer wollte zurückstehn! Diese große Evolution wollten wir doch gemeinsam angehen! Dieses Licht wollten wir doch über die ganze Erde erstrahlen lassen, daß es weit in das Universum erstrahlen möge, dieses Christuslicht, das der Welt Heil bringt!!

Habt ihr das etwa alles vergessen? Geht in euch! Fragt euch, fühlt in euch hinein! Wer ist dabei? Wer folgt mir nach? Wem soll ich Meister sein?

Laßt eure Herzen berühren! Laßt euch wecken aus dem Schlaf der Jahrhunderte! Jetzt ist die Zeit der Veränderung angebrochen. Niemals zuvor konnte so ein großer Sprung in der Entwicklung gemacht werden. Wir alle warten auf euren Ruf, auf eure Bitte!

Alle Meister und ich, wir arbeiten eng zusammen. Alle stehen wir geschlossen hinter euch, um euch stark zu machen, damit ihr gegen alle Stürme gefeit seid. Spürt meinen Ruf in eurem Herzen, der euch so oft Schmerzen bereitet, weil ihr von eurem Verstand her noch nicht bereit seid, mit mir Seite an Seite zu gehen.

Kinder dieser Erde! Mein Aufruf muß euch erreichen!!

Viele Mittel stehen euch zur Verfügung, um mit uns zu kommunizieren, um euch lichter und leichter zu machen. Werft eure Bürde ab, und schreitet mit mir als meine Brüder und Schwestern, die der Welt das Heil bringen wollen und die selbst heil werden wollen an Leib und Seele! Ihr müßt Ballast abwerfen! Denn je höher die Schwingungen der Erde werden, um so mehr müßt ihr durchlässig werden für das Licht. Auf allen Ebenen des Universums ist alles bereit, diese Transformation der Erde mitzugestalten und den Menschen beizustehen.

Euer „Ich Bin“ hat dazu viel Vorarbeit geleistet. Deshalb: Arbeitet euer Karma auf, und viel Gnade wird euch von uns zukommen, wenn wir die Bemühungen jedes einzelnen sehen. Laßt nicht nach in eurem Streben nach der Wahrheit! Wandelt in der Wahrheit, und die Wahrheit macht euch frei! Denn ihr seid dann selbst Herr eures Schicksals.

Ruft uns, wenn ihr glaubt, es nicht mehr ertragen zu können! Laßt uns gemeinsam diese Arbeit angehen, damit ihr wieder Frieden in eurem Herzen verspürt, und werdet nicht wankelmütig, wenn die Stürme des Lebens über euch hinwegtosen. Alles wird vergehen!! Nur das Licht wird siegen, und das Heil wird einkehren in eure Herzen!!

Nun sende ich euch meine Liebe und den Frieden, der jetzt tief verankert wird in euren Herzen. Und das Christuslicht erstrahlt in allen Farben!

Ich bin Jesus, Euer Bruder

Jesus Christus

Balance-Flasche B 55
Quintessenz Q 6

Pallas Athene und Aeolus

Pallas Athene und Aeolus grüßen ihre Schüler auf das herzlichste.

Auch wir senden all unsere Liebe zu den Menschen, die in ihrer Not oft die falschen Wege suchen und den Weg zu Gott erst als allerletzten Ausweg sehen. Dabei sollte gerade dieser Weg als erster gesucht werden. Aber nie ist es zu spät, den richtigen Weg einzuschlagen. Und wir haben es uns zur Aufgabe gemacht, die Menschen tiefer in ihre Fähigkeiten hineinzuführen.

In den Träumen geben wir sehr viele Mitteilungen, und ihr könnt uns bitten, sie besser zu verstehen, um mit ihnen zu arbeiten. Denn Träume sind nicht Schäume, wie ihr sagt. Es ist ein tiefes Aufarbeiten, dieses Aufsteigenlassen von Spannungen, Erlebnissen, von Trauer, Leid und Erkenntnissen, die oft noch in der Tiefe schlummern. Meist sind es nur Bruchstücke, die der Mensch davon behält und die eher Verwirrung stiften als Aufklärung bringen. Es gehört schon ein langes Arbeiten mit uns dazu, um diese Aufklärung zu bekommen. Aber gebt nicht auf! Übt und bittet! Wir helfen euch gerne!

Auch wir waren auf Erden schon in so mancher Verkörperung, z.B. als Echnaton und seine Frau Nofretete. Aber das war nur ein Leben. Viele folgten. Deshalb können wir uns einfühlen in das Erdenleben und euch Beistand geben bei allem, was ihr vorhabt, sei es Kunst oder spirituelle Arbeit. Zu allem können wir beitragen. Unser Aufgabengebiet ist sehr vielseitig. Ob es um die Vergangenheit geht, die ihr loslassen sollt, oder ob es noch etwas gibt, das aufzuarbeiten ist. Oder auch Dinge, die euch rechtmäßig zustehen, von denen ihr aber nicht wißt, wie ihr sie in Anspruch nehmen könnt. z.B. eine Erbschaft, eine Schenkung, ein Vermögen oder ähnliches. Bittet uns, und es wird euch Hilfe zufließen, wenn alles rechtens ist und seinen Sinn hat.

Ihr könnt von uns lernen, mit eurem Geld besser auszukommen, wie ihr es beispielsweise anlegen oder verwalten sollt. Viel Hilfe ist da vonnöten. Denn immer soll es ja mit dem Göttlichen verbunden sein! Es muß Segen darauf ruhen. Und ob dem so ist, seht ihr an den Früchten. Daran werdet ihr es erkennen! Das hat Jesus schon gesagt.

Wir helfen, die Erde mit dem Himmel zu verbinden und alles loszulassen, was ihr nicht braucht.

Ihr dürft alles haben, was ihr braucht, um das Leben angenehm und freudig zu durchschreiten. Wenn zuviel Geld und Besitz da sind, ist das Leben eine Last, weil man ständig Angst hat, beraubt zu werden oder Verluste zu erleben. Ist es zuwenig, ist es auch eine Last: „Wie geht es weiter? Kann man die Miete bezahlen?“ usw. All das ist nicht im Sinne Gottes. Jeder sollte soviel haben, wie er braucht, damit er in Frieden leben kann.

Aber die Denkweise der Menschen ist ein ewiges Jammern. Überlegt einmal! Gibt es nicht immer irgend etwas zu jammern? Um euch zu helfen, euer Leben in das Gleichmaß zu bringen, es in Liebe zu leben, es freudig anzunehmen und zu lernen, dazu sind wir da! Das ist die richtige Einstellung zum Leben! Das richtige Denken, das uns dem Göttlichen näherbringt und unser Wissen anhebt, um spielend mit allem fertigzuwerden.

So laßt los und vertraut auf eure göttliche Führung! Denkt daran! Ihr seid niemals alleine! Immer habt ihr Hilfe, wenn ihr bittet. Denn wer bittet, dem wird aufgetan! So steht es schon in der Bibel!

In Liebe
Pallas Athene und Aeolus

Pallas Athene und Aeolus

Balance-Flasche B 57
Quintessenz Q 9

Orion und Angelika

Wir, die wir den dritten Strahl vertreten, helfen den Menschen auf dem Weg der irdischen Reise. Ihr könnt uns rufen, wenn ihr eine Reise plant, eine weltliche Reise. Aber ebenso auch für eine seelische Reise, auch in andere Dimensionen. Gerne stehen wir euch mit Rat und Tat zur Seite.

Auch verstehen wir von der Partnerschaft sehr viel. Wie schwer es oft ist, den Partner so anzunehmen, wie er ist mit all seinen Fehlern und Schwächen. Wir können euch da schon sehr hilfreich zur Seite stehen und Ausgleich schaffen, wo der Friede fehlt.

Stellt euch vor, es wäre umgekehrt und ihr wäret der Partner. Denkt und fühlt euch in ihn hinein! Zeigt Verständnis, zeigt Mitgefühl! Das heißt aber nicht, daß ihr selbst immer nachgeben müßt, nur um des lieben Friedens willen. Nein! Wie soll denn der Partner lernen, wenn er niemals Widerstand spürt, wenn nur nachgegeben wird, damit Ruhe ist? Nur täuscht diese Ruhe oft, denn in dem anderen gärt es, es brodelt. Und meist kommt der Ausbruch dann, wenn es gar nicht mehr angebracht ist. Und das wird dann erst recht nicht verstanden.

Geht in euch! Redet miteinander! Egal, ob Ehe- oder Geschäftspartner, ob in der Familie oder außerhalb. Immer sollten wir darauf bedacht sein, unser Lernprogramm zu verstehen. Ein echter Partner kann man nur sein, wenn man sich stellt; wenn man bereinigt, was einem Kummer bereitet; wenn man daran wächst, wenn man darüber spricht. Wenn man mit dem Herzen etwas bespricht, ist alles halb so schlimm. Denn der andere spürt: Es ist dem Partner ernst. Er hört mir zu. Er geht nicht und schlägt die Tür zu, auch zu seinem Herzen nicht! Das ist Partnerschaft! Das ist ein Miteinander und Füreinander-da-Sein! Auf so einen Partner kann ich mich verlassen! Wir können durch dick und dünn gehen! Mit so einem Partner kann ich durchs Leben gehen! Ist es nicht das, was sich fast jeder wünscht, was man sich ersehnt?

Ruft uns früh genug, wenn noch nicht alles in Scherben liegt, wenn noch eine Bereitschaft da ist, etwas zu verändern! Es möchte doch jeder Mensch geliebt werden, aber dafür muß man etwas tun. Man muß sein Herz öffnen. Man muß offen sein für ein Gespräch, für eine Veränderung. Man muß frei werden von eingefahrenen Mustern: „So haben es schon die Eltern gemacht! Der Vater hatte zu bestimmen!"

Nein, so geht es nicht! Partnerschaft bedeutet, daß jeder gleiche Rechte und Pflichten hat. Dann gedeiht es, dann läuft es. Und alle fühlen sich wohl.

Schaut euch unsere Aura-Soma-Flasche an! Strahlt sie nicht Frieden, Liebe und Reinheit aus? Benützt sie, wenn ihr Schwierigkeiten habt mit dem Partner. Wir sind für euch richtige Partner, die euch auf vielen Ebenen begleiten können, wenn ihr es wünscht. Laßt euch auf eurer Lebensreise führen! Auf dem Weg hin zum Vater!

Wir geben euch Schutz, und unsere Liebe ist euch gewiß. Wir führen euch in die Liebe, die keine Bedingungen stellt.

Wir lassen euch spüren, wie gut liebevolle Berührungen tun. Laßt es zu! Gebt euch dem Gefühl hin, Liebkosungen über die Haut zu spüren und laßt die Liebe einfließen in euer Tun, und der Partner wird sich wohl fühlen. Spielt dieses Spiel gegenseitig und ihr werdet es nicht mehr missen wollen!

So vieles könnten wir euch noch sagen. Aber geht mit kleinen Schritten den Weg mit der Liebe, und eure Partnerschaft wird stabil und liebevoll sein. Geht mit uns eine Partnerschaft ein, und wir werden unseren Beitrag dazu leisten!

Wir umhüllen euch mit dem Strahl der Liebe und freuen uns auf eine gute Zusammenarbeit.

Orion und Angelika

Orion und Angelika

Balance-Flasche B 58
Quintessenz Q 8

Lady Portia

Ich, *Lady Portia,* habe die Aufgabe, in diese Welt mehr Gerechtigkeit einfließen zu lassen. Und wie ihr euch denken könnt, ist das ein schweres Amt. Denn das, was ihr als gerecht anseht und gerecht findet, ist oft ganz anders zu verstehen, weil ja die Gesetze berücksichtigt werden müssen.

Alles hat eine Ursache und eine Wirkung. Und da sieht es mit der Gerechtigkeit schon ein wenig anders aus. Oft denkt ihr: Was hat so ein unschuldiges kleines Kind denn schon getan, daß es so krank oder mißbraucht wurde? Könntet ihr nur in die Leben vor dieser Zeit sehen! Dann wüßtet ihr, warum diese Seele sich das vielleicht ausgesucht hat, um zu sühnen oder um abzutragen, was sie selbst verursacht hat. Und deshalb, meine geliebten Brüder und Schwestern, steht es keinem Menschen zu, zu urteilen, zu be- oder zu verurteilen. Denn wir wissen nicht, warum dieser oder jener gerade etwas Schweres durchzumachen hat.

Das einzige, was ihr immer tun solltet, ist Licht und Liebe hinschicken, damit alles, was derjenige sich vorgenommen hat, auch abgetragen werden kann. So schlimm, wie es in euren Augen auch sein mag, ihr könnt immer bitten für einen Mitmenschen. Denn so wie ihr Mitgefühl zeigt, so wird euch auch geholfen. Mitgefühl sollte jeder Mensch besitzen. Mitleid ist falsch! Warum mitleiden? Das bringt dem anderen und euch überhaupt nichts, weil das Leid ja aufgehoben werden soll. Es soll erlöst werden. Ein Gebet aber wirkt da Wunder! Eure Seele soll frei bleiben von Leid. Gebt Beistand, wo Not ist. Aber laßt alles Urteilen und Verurteilen bleiben! Es steht euch nicht zu! Wenn ihr dies erst einmal begriffen habt, seid ihr ein gutes Stück auf eurem Weg und Bewußtseinszustand weitergekommen.

Zu Ursache und Wirkung: Ihr setzt die Ursache selbst und kommt dann an der Wirkung nicht mehr vorbei. Nun liegt es an euch, um Gnade zu bitten für den Nächsten und euch selbst.

Und genau dafür stehe ich euch gerne zur Seite: um ein gerechtes Urteil, das mit Mitgefühl und unterscheidender Weisheit gefällt wird, zu erzielen. Wirklich keine leichte Aufgabe! Wenn ihr ein hartes Urteil fällt, ohne Mitgefühl, schafft ihr euch wieder Karma. Und schon geht es wieder von vorne los: Ursache und Wirkung! Immer wieder hört ihr: Ihr sollt alles mit Liebe tun! Ein Mensch, der die Liebe lebt, geht auch mit sich gerecht um. Er verurteilt sich nicht! Er bittet nur, daß er es das nächste Mal besser machen möge, daß es ihm immer besser gelinge, seine Lebensaufgabe zu erfüllen, daß er auch zu sich selbst gnädig ist, daß er die Kontrolle aufgibt und liebevoller mit sich und anderen umgeht.

Alle diese Ziele helfe ich zu erreichen. Ihr sollt lernen, die Verantwortung für euch selbst zu übernehmen. Dann habt ihr schon viel erreicht! Dann könnt ihr für euch entscheiden, was ihr tun wollt, und es wird nicht mit euch getan!

Immer, wenn ihr euch nicht entscheiden könnt, laßt ihr andere für euch entscheiden, oder das Schicksal entscheidet für euch. Und dann müßt ihr annehmen, was kommt, ob ihr wollt oder nicht! Das ist dann nicht mehr euer eigener Wille, eure eigene Entscheidung, sondern ihr habt für euch entscheiden lassen! Könnt ihr das verstehen?

Es ist wichtig, daß ihr lernt, Entscheidungen zu treffen, weil ihr dann das machen könnt, was ihr wirklich wollt. Ihr fühlt euch dann viel besser. Hilfe steht euch immer zur Verfügung. Und ob die Entscheidung richtig war, werdet ihr fühlen. Da aber alles seine zwei Seiten hat, ist immer eine Seite für euch richtig, und ihr lernt daraus.

Ihr könnt mit uns Meistern immer arbeiten, wenn ihr uns bittet. Wir werden euch Beistand leisten, jeder auf seine ganz eigene Art. Vor allen Dingen, damit ihr das Loslassen lernt. Eure eigene Angst vor dem, was ihr so alles glaubt, nicht zu können! In euch ist so viel Wunderbares verborgen! Laßt es in euch wachsen und vertraut der göttlichen Führung!

In großer Liebe
Lady Portia

Lady Portia

Balance-Flasche B 59
Quintessenz Q 10

Lao Tse und Kuan Yin

Wir beide haben uns zusammengetan, um der Menschheit und der Barmherzigkeit willen zu helfen, Altes aufzulösen, es abzugeben und umzuwandeln und all das mit göttlicher Liebe. Es ist jetzt die Zeit des Aufarbeitens gekommen für das, was viele, viele Jahrhunderte hindurch angesammelt wurde. Und damit die Last nicht zu groß wird, könnt ihr uns rufen. Wir geben euch viele neue Impulse, euer Leben zu verändern. Und alles, was auf euch zukommt, ist ein Lernen, ein Verstehenkönnen des Gesamten.

Endlos scheinen die Schichten des Aufarbeitens. Oft könnt ihr es gar nicht verstehen. „Warum schon wieder? Warum gerade ich?“ Immer, wenn ihr nicht mehr weiter wißt, werden wir wieder Ruhe und den Frieden in eure Herzen bringen. Damit ihr zu der Erkenntnis gelangt, daß es wichtig ist, sich alles anzuschauen, und damit ihr Verständnis dafür bekommt, daß nichts zu einem durchdringt, was nicht in irgendeiner Weise zu einem gehört.

Das ist für euch Menschen am schwersten zu verstehen: daß man für alles, was einem widerfährt, selbst die Ursache gesetzt hat und nun die Wirkung davon verspürt. Meistens glauben die Menschen nämlich, daß die anderen Schuld haben an dem einen oder anderen Mißgeschick. Wenn ihr annehmen könnt, daß ihr es selbst seid, die sich dieses Leiden auferlegt haben, habt ihr große Fortschritte gemacht. Laßt euch helfen! Ihr steht niemals alleine da mit eurem Aufarbeiten!

Viele geistige Lehrer stehen euch bei, wenn ihr wollt!

Kuan Yin hat sich aber noch einer anderen, sehr wichtigen Sache angenommen. Und zwar hilft sie in besonderem Maße den Elternteilen, die ihr Kind oder ihre Kinder alleine großziehen müssen.

Ihr Mütter, die ihr ein Kind unter eurem Herzen tragt und oft nicht wißt, wie es weiter gehen soll!! Nehmt dieses Kind in Liebe an und tragt es aus!! Ruft mich an! Ich werde Mittel und Wege finden, euch zu helfen und Gnade zu erbitten für euch auf eurem schweren Weg! Es ist eine große Lernaufgabe, die oft nur eine gewisse Zeitspanne andauert und nach der der Partner sich dann doch wieder besinnt. Zunächst aber muß diese Zeit durchgestanden werden. Wenn ihr nur glauben könntet, daß immer Hilfe für euch da ist, wenn ihr darum bittet!

Verzweifelt nicht! Denn auch die Kinder haben sich diese Erfahrung ausgesucht, nur mit einem Elternteil zu leben. Aber in jedem Einzelfall handelt es sich um einen anderen Grund, und man sollte dies niemals verallgemeinern.

Jeder sollte danach streben, eine Familie zu gründen, wenn ein Kind unterwegs ist. Aber nicht immer sind die Umstände so ideal, und es gibt dann viele Mißverständnisse, Auseinandersetzungen usw. Das muß aber alles nicht sein, wenn man versucht, den Sinn des Lebens und die geistigen Gesetze zu verstehen. Wenn man sie begriffen hat und sich bemüht, wird auch eine Lösung gefunden werden. Und in ein paar Jahren ist dann alles vergessen. Dieses Kind, das so unerwartet und mit vielen Problemen Einzug in diese Welt hielt, kann einer ganzen Familie unbeschreibliches Glück bringen!

Oh, ihr geliebten Menschenkinder!! Würdet ihr euch nur mehr dem Göttlichen öffnen! Wie wunderbar und glücklich würdet ihr dann empfangen! Und ihr könntet verstehen, wie schön es ist, einer Seele die Möglichkeit zu geben, auf der Erde Altes zu bereinigen, oder einfach nur, damit dieses Kind Licht und Liebe in unsere Welt bringen kann! Ihr gebt dieser Seele die Chance dazu. Ach, es gibt so vieles, was zu bedenken ist! Und eure Verzweiflung und eure Tränen werden schnell vergehen, habt ihr erst einmal das Kindlein im Arm! So viel Segen ruht auf diesem Annehmen und all dem, was damit zusammenhängt!

Arbeitet auf, was euch belastet, und laßt euch helfen. Ihr seid doch niemals alleine!

In großer Liebe und Barmherzigkeit
Lao Tse und Kuan Yin

Lao Tse und Kuan Yin

Balance-Flasche B 60
Quintessenz Q 11

Sanat Kumara

Zunächst grüße ich die Erdenkinder auf das herzlichste! Es ist schön zu wissen, daß die Menschheit sich wieder darauf besinnt, daß es mehr zwischen Himmel und Erde gibt, als ein Mensch sich denken kann!

Wir sind das Bindeglied. Jeder Einzelne, der sich nach oben öffnet, wird gut daran tun, mit uns zusammenzuarbeiten. Wir öffnen ihm den Himmel, wie ihr sagt. Könntet ihr nur ermessen, was euch da offenbart wird! Ja!! Es gibt uns wirklich!!

Wir, alle Meister und ich, wir haben uns dieser Menschheit zur Seite gestellt als ihre Lehrer, die ihre Herzen weit geöffnet haben für alle Kümmernisse dieses Erdenlebens. Und ganz gleich, wen ihr braucht oder was euch plagt, immer wird sich euch der Meister zur Verfügung stellen, der mit dem jeweiligen Problem die meiste Erfahrung hat und auch in der Lage ist, mit euch zu arbeiten. Ihr müßt bitten! Das wißt ihr bereits. Und wir prüfen dann.

Ist zum Beispiel etwas noch nicht ganz verstanden worden? Ist es noch Karma, das abgetragen werden muß oder dürfen wir es schon bereinigen? Glaubt nur nie, daß ihr alleine seid, daß alle euch verlassen hätten! Nein! Eure Seele weiß: Es handelt sich noch um ein Lernprogramm, und ihr glaubt vielleicht: „Mich hört doch niemand! Ich bin von Gott und der Welt verlassen!“ Wie ihr das immer so sagt. Ist es nicht so?

Dabei würdet ihr staunen, könntet ihr sehen, wie viele eurer geistigen Freunde euch nahe sind. Aber im Schmerz, in der Trauer, in der Verzweiflung schnürt der Mensch alles, aber auch alles zu. Damit ja nichts an ihn herankommt! Und wir stehen dann da und sprechen zu tauben Ohren.

Ach, ihr geliebten Menschenkinder! Könntet ihr unsere Liebe nur fühlen und unser Mitgefühl spüren! Bald wäre in den Herzen der Friede eingekehrt und alles sähe halb so schlimm aus. Wenn ihr im Kummer „umschalten“ könntet, ganz schnell, dann würde aller Kummer vergehen! Wollt ihr das nicht einmal versuchen? Euch mit uns zu verbinden? Denn gemeinsam sind wir stark und meistern das zu Lernende! Glaubt ihr mir das?

Wagt einen Versuch! Öffnet euer Herz und lauscht auf das, was wir euch senden! Lernt auch das Leid und den Kummer zu verstehen, es nicht zu verdrängen, sondern sich anzusehen, warum man leidet und wo die Veränderung stattfinden muß. Denn meistens sind es die falschen Gedanken, die einem zusetzen, die einen unendlich martern.

Schaut euch eure alten Muster an. Immer das gleiche Reagieren – ob das etwas mit Beziehungen zu tun hat oder mit Angst, die so quälend sein kann.

Schaut euch alles an und laßt sie los, diese alten Verletzungen! Alles schleppt der Mensch mit sich herum! Ihr erzählt immerfort davon, was euch schon alles passiert ist! Wie krank ihr seid! Alles, alles ist schlecht! Jeder andere macht alles falsch...usw. Diese immer wiederkehrenden, zermürbenden Gedanken können nur durch klares Hinsehen und durch Eigenschau aufgelöst werden.

Wir helfen euch auch bei Drogen- oder Alkoholmißbrauch. Alle Süchte könnt ihr mit unserer Hilfe loswerden! Und alle Süchte, die nicht aufgearbeitet werden, nehmt ihr mit in eine neue Inkarnation. Und das Spiel beginnt dann wieder von vorne! Stellt euch diese Tragweite vor!

Wir helfen euch, hier alles loszulassen, was auf dem Weg hinderlich ist und nur belastet. Werft ab, was zu schwer ist, und geht leichten Schrittes nach Hause zu eurem Vater! Arbeitet eure Last auf, und wir helfen euch dabei!!

Gott zum Gruße!
Sanat Kumara

Sanat Kumara

Balance-Flasche B 61
Quintessenz Q 12

Maha Chohan

Geliebte Kinder des neuen Zeitalters! Endlich ist die Zeit angebrochen, auf die wir uns so lange vorbereitet haben in all den Jahrhunderten! Viel ist geschehen. In der Zeit von Atlantis bis in dieses 20. Jahrhundert ist viel aufgeräumt worden und doch hat sich vieles wieder angesammelt.

Ihr Schüler des Wassermannzeitalters seid nun in dieses Leben getreten, um „Wasserträger" zu sein, Weisheitsträger, Lehrer, Vorbild und Wegbereiter!

Ja, ich rufe euch auf! Hört ihr meinen Ruf in eurem Herzen? Macht euch bereit! Seid offen und vollendet mit mir diese neue Ära! Jetzt wird mit dem Zeitraffer gearbeitet. So schnell verfliegen die Stunden. Nutzt sie! Damit ihr nicht mit leeren Händen euren Weg nach Hause antretet!

Ich vertrete in dieser Zeit den dritten Aspekt Gottes, den Heiligen Geist, und öffne somit die alte Weisheit, die in euch ruht und geweckt werden will.

Jeder Einzelne von euch ist mir wichtig. Geht mit mir den Weg, damit ein neuer, frischer Geist in eure Gemüter einfließen kann. Damit aus Hoffnungslosigkeit wieder Hoffnung wird. Damit aus Haß Liebe wird. Damit aus Verzagtheit Vertrauen entsteht.

All das haben wir euch gelehrt! Jetzt muß es zum Tragen kommen! Alles Alte muß umgewandelt werden. Alte Verletzungen können jetzt an die Oberfläche kommen und sollen geheilt werden. Alles kann erneuert werden: alles, was euch noch belastet, damit ihr brauchbare Mitarbeiter werdet, die mit ihrem Wissen ihre Mitmenschen liebevoll aus ihrer Lethargie reißen. Ihr seid die Pioniere! Alle, die mich als Lehrer haben, spüren dies in ihrem Herzen. Und wir werden uns gemeinsam aufmachen, Gefühle wieder mit Herz und Verstand zu leben. Nur wenn man mit dem Herzen spricht, erreicht man sein wahres Ziel. Und wo dieser Zustand noch fehlt, muß fleißig gearbeitet werden, um ihn zu erreichen.

Nach und nach fließt euch dann die Weisheit vieler Jahrhunderte zu. Es ist alles in euch verankert! Auch des Nachts, wenn ihr in unsere Tempel kommt, wird viel Wissen aufgefrischt, und ihr seid begeistert dabei! Diese Erde braucht jetzt viel, viel Licht, und ihr seid die Lichtarbeiter, die dazu auserkoren sind! Glaubt es nur! Fühlt euch nicht immer so klein und schwach! Ihr seid Kinder Gottes, so wie wir! Ihr hier auf der Erde und wir in der geistigen, für euch manchmal noch unsichtbaren Welt. Aber auch das wird sich verändern. Immer mehr werdet ihr euch transformieren. Immer durchlässiger werden Eure grobstofflichen Körper. Dieser wunderbaren Zeit gehen wir entgegen, wenn ihr auch der Meinung seid, es gehe alles „drunter und drüber". Das ist nur der äußere Schein. Die Welt liegt in den Wehen, und die Geburt einer wunderschönen Zeit liegt vor uns.

Doch vorher muß noch so manche Klippe überwunden werden, und mancher Sturm wird noch toben. Aber das alles darf einen Meisterschüler nicht aus seiner Mitte reißen. Er wird sich getragen fühlen. Im größten Chaos wird er die Nähe Gottes fühlen, wenn er sein Herz öffnet.

Vieles steht euch zur Verfügung. Alle Mineralien, die heute schon Informationen in sich tragen, werden zu gegebener Zeit richtungsweisend ihre Mitteilungen preisgeben. Viele Schätze liegen noch in der Erde verborgen, die dem Menschen nun wieder zugänglich gemacht werden. Vieles wird zum Vorschein kommen, und ihr werdet es wiedererkennen und wissen, was zu tun ist!

Deshalb nutzt die Zeit! Seid Vorbilder für eure noch zögernden Mitbrüder und Schwestern! Mein Aufruf geht an alle!!

Ich hülle euch ein in meine Liebe und durchstrahle euer ganzes Sein!

Maha Chohan

Maha Chohan

Balance-Flasche B 62
Quintessenz Q 13

Djwal Khul

Und nun mache ich den Abschluß. Vieles wurde euch übermittelt. Dabei ging es nicht um irgendeine Wissenschaft. Nein, wir alle, die wir uns für die Erde zur Verfügung gestellt haben, wollen die Menschen wachrütteln aus dem Schlafe der Jahrhunderte und sie daran erinnern, was sie sich vorgenommen, welche Aufgabe sie gewählt haben.

Und wenn ihr die Ausführungen eines jeden Meisters aufmerksam gelesen habt, werdet ihr im Herzen spüren, wer euer Meister ist, welcher Strahl oder welche Lebensaufgabe zu euch gehört. So dürft ihr bitten, und jeder Meister wird euch zuhören. Geht in euer Herz! Fühlt und erarbeitet euch die Fähigkeit, von einem Meister geführt und geschult zu werden. Das wird euch eine gewisse Sicherheit und Vertrauen bringen.

Alles, was auf der Erde geschieht, wird von uns überwacht. Jedoch sind noch so viele Herzen verschlossen, und die Menschen können dadurch unsere Mitteilungen nicht verstehen. Deshalb freuen wir uns über jede Seele, die sich öffnet und endlich begreift, daß die Erde nicht alles ist, daß das Universum voll von Wesen und Leben ist – aber auch, daß die Erde jetzt ganz besonders unsere Hilfe braucht, genau wie die Menschen. Und viele Helfer aus dem All stehen bereit.

Auch ich bin euer Vermittler zu den „Außerirdischen“, wie ihr sagt. Unsere Raumbrüder und -schwestern aus dem All, mit denen ich engen Kontakt habe, sind alle um das Wohl der Menschen bemüht. Ihr müßt nur eure intuitive Seite öffnen und zuhören und mit dem Herzen abwägen und fühlen. Fühlt ihr euch gut dabei, ist es richtig und gut, Kontakt aufzunehmen. Jeder Mensch hat eine Aufgabe, und er fühlt sich zu etwas hingezogen oder nicht. So einfach ist das! Alles geschieht freiwillig und sollte Freude bereiten.

Meine Aufgabe ist es auch, gemeinnützige Organisationen und Verbände zu unterstützen, die sich um die Mitmenschen, um die Natur oder die Tierwelt kümmern; die sich dienend der Menschheit zur Verfügung stellen, um sie zu unterstützen. Und auch dort würde alles leichter vonstatten gehen, würden die Menschen die geistigen Gesetze verstehen und uns bitten, mitzuhelfen.

Auch wer sich für Astrologie interessiert, kann von mir Hilfe und Tips bekommen. Gerne arbeite ich mit den Menschen. Und es ist ein gegenseitiges Geben und Nehmen, wenn man Bescheid weiß. Deshalb müßte man laut rufen: Erwacht doch endlich! Die Zeit ist reif! Denkt um! Denkt mit! Und Hand in Hand wird es eine wahre Freude sein, etwas zu vollbringen, was Friede in die Herzen bringt, was Zufriedenheit garantiert.

Wie viele suchen nach irgend etwas! Sie wissen noch nicht, was es ist. Weil der Schutzengel drängt und so eine gewisse Unruhe entsteht, fühlt man: Ich muß etwas verändern! Aber was, und wo soll ich beginnen? Ich sehe kein Land, und ich habe keine Hoffnung mehr! Nichts klappt! Man wird unzufrieden. Dauert dieser Zustand an, wird man krank usw. Es ist ein ewiger Kreislauf, und jeder Mensch sollte versuchen, diesen Kreislauf zu durchbrechen.

Hat man es aber erst einmal geschafft, ist wach und hat sich geöffnet, welch eine große Freude herrscht dann in der geistigen Welt! Ihr könnt euch das gar nicht vorstellen, wie viele da mitgeholfen haben, durch die Materie zu gelangen, damit der Mensch endlich etwas fühlt! Oft, nur allzuoft, gelingt es leider nur durch Krankheit, durch Leid oder Trauer, einen Unfall, eine Trennung. Doch ganz gleich wie es geschehen ist! Seid dankbar! Denn es wurde euch sehr viel geholfen bei eurem Durchbruch und es ist euch vieles dabei abgenommen worden.

Das alles könnt ihr aber erst begreifen, wenn ihr euer Erdenkleid abgelegt habt. Dann erst wißt ihr, welch eine Arbeit notwendig war, um einen Menschen aus seinem Schlafe zu wecken! Und viele schaffen es innerhalb eines Erdenlebens überhaupt nicht zu erwachen.

Laßt nicht nach, euch immer weiter zu schulen und zu transformieren, damit es ein großes Wiedersehen gibt in den Lichtreichen unserer wahren Heimat.

Das wünsche ich euch von Herzen.
Euer *Djwal Khul*

Djwal Khul

Balance-Flasche B 64
Quintessenz Q 14

Djwal Khul und Hilarion

Balance-Flasche B 63

Hier einige geistige Gesetze zum besseren Verständnis

Das höchste Gesetz ist die Liebe

Liebe für alle und jeden.
Liebe deinen Nächsten wie dich selbst.
Aber vergiß dich nicht selbst,
denn wie soll dich
ein anderer lieben,
wenn du es nicht selbst tust.

Liebe alles, was du
zur Erlösung mitgebracht hast.
Nimm es an, liebe es.
Verurteile aber auch deinen Nächsten nicht.
Du weißt nicht,
warum er gerade dies oder
jenes durchzumachen hat.
Habe Mitgefühl,
aber leide nicht mit,
das bringt dir und ihm nichts.

Gleiches zieht Gleiches an

Wir werden immer das anziehen,
was wir selbst ausstrahlen.
Sind wir ehrlich, werden wir mit
unehrlichen Menschen nichts zu tun haben.
Jede Untugend in unserem Inneren
werden wir im Äußeren anziehen.

Angst zieht Angst an.
Was wir befürchten, ziehen wir an.
Untreue, Verrat, Armut, Verzweiflung,
Heuchelei, Unaufrichtigkeit usw. –
all dies ist dem Gesetz der Resonanz unterworfen.
Verändern wir uns,
wird sich auch unser Umfeld ändern.

Was der Mensch sät, das wird er ernten

Alles, was wir aussäen, werden wir ernten.
Säe ich Liebe aus – ernte ich Liebe.
Säe ich Haß – ernte ich Haß.

So ernten wir in diesem Leben,
was wir in verschiedenen Leben gesät haben,
wovon unser vordergründiger Geist aber gar nichts weiß.
Dies ist nun mal die Gerechtigkeit Gottes,
an der so oft gezweifelt wird.
Nichts, aber auch gar nichts kommt an uns heran,
was wir nicht selbst gesät haben.
Ob wir nun Dieb, Gauner, Verbrecher,
schlechter Vater oder harte Mutter waren,
all das zeigt sich in diesem Leben.
War ich in früheren Leben keine gute Mutter,
so habe ich in diesem Leben so eine Mutter.
Immer muß alles Unrecht wieder gutgemacht werden.

Ursache und Wirkung

Denn wer kläglich sät, wird kläglich ernten.
Wer reichlich sät, wird reichlich ernten.

Partnerschaft hat viel mit Karma zu tun.
Die Begegnung mit einem Partner ist nicht zufällig.
Wir haben das vielmehr frei gewählt,
um bestimmte Lernschritte fortzusetzen,
die wir in früheren Inkarnationen begonnen haben.
Der Sinn einer Partnerschaft ist es daher, sich nicht
mit Hilfe des Partners ein bequemeres Leben zu gestalten.
Selbst, wenn der andere der ideale Partner für mich ist,
werde ich gerade durch diese Seele, mit der ich
am engsten verbunden bin, am stärksten gefordert.

Schwierigkeiten haben also immer mit mir zu tun.
Deshalb kann ich sie nur in mir lösen.

Eine echte Partnerschaft kann daher nur aus
zwei selbstständigen „heilen" Wesen bestehen.

Das ist das Gesetz des Karma

Das Karma konfrontiert uns
mit den Folgen unseres Tuns,
damit wir unsere Samen,
die wir gesät haben,
wie in einem Spiegel betrachten können.

Die geistigen Gesetze sind Wirklichkeiten,
ob ich daran glaube oder nicht.
Ich kann dazu Nein *sagen und sie ignorieren,*
dann bekomme ich Nachhilfeunterricht vom Schicksal,
in Form von Krankheiten und Leid.
Ich kann aber auch Ja *sagen und um Hilfe bitten,*
in Harmonie mit den Gesetzen leben,
mit meinen Helfern und der Welt!

Meditationen der einzelnen Wochentage und ihre Farbstrahlen

Allmächtiges, Göttliches Licht
des Universums,
du Quell des Lebens!

Ich rufe deine Lichtströme herab
auf diesen ringenden Planeten,
hinein in alle Unvollkommenheiten
der irdischen Welt,
in die Herzen der Menschen,
die sie bewohnen,
und in alles Leben der Natur.

Worte von Lunara

Auszüge aus
„Visualisationen für jeden Tag der Woche"
Die Brücke zur Freiheit e.V., Berlin

Sonntag

Erster Strahl – Blau

Meister El Morya
Erzengel Michael

Ich sehe über der Erde
ein blaues Flammenschwert, das sich langsam
in die Erde hineinsenkt.

Sein blaues Feuer erfaßt die Erde,
ich sehe, wie es die Erdteile erfaßt,
die Meere und die Atmosphäre. Es strahlt
in die Gefühls-, Gedanken- und Ätherwelten.
Es erfaßt alle Entwicklungsreiche,
die zur Erde gehören.

Ich stehe und schaue dieses gewaltige Feuer.
Es ist mir bewußt, daß dieses Göttliche Feuer
alle unvollkommene Energie
einkreist und reinigt, damit sie
mit der jeweils erforderlichen Gott-Tugend
beeigenschaftet werden kann.
Dies bedeutet die Befreiung der Erde.

Durch das Band des Lebens mit
jedem Bewußtsein verbunden, rufe ich
nach Osten, Süden, Westen und Norden:

Ich bin die Manifestation
des Kosmischen Glaubens und Gehorsams,
des Willens Gottes für die Erde.

Montag

Zweiter Strahl – Goldgelb

Meister Kuthumi
Erzengel Jophiel

Ich sehe eine leuchtende Sonne,
viele Stufen führen zu ihr hinauf.

Ich betrete die Treppe und
steige Stufe um Stufe hinauf.
Je höher ich komme, desto heller wird das Licht,
und umso mehr durchstrahlt es mich.

Jetzt stehe ich in unmittelbarer Nähe
der Sonne. Ich fühle ihre wohltuende Wärme,
ihre belebende Kraft.

Ich bin mir bewußt, es gibt nur eine Kraft,
nur eine Macht, Gott in meinem Herzen.

Ich drehe mich um und schaue zurück.
Am Fuße der Treppe erblicke ich
eine unübersehbare Menschenmenge.
Alle sehnen sich nach Erlösung.

Schnell eile ich hinunter,
und wir steigen gemeinsam
Stufe um Stufe hinauf ins Licht.

Dienstag

Dritter Strahl – Rosa

ORION UND ANGELIKA
Erzengel Chamuel

Ich sehe eine herrliche rosa Rose,
erfüllt mit Liebe und von herrlichem Duft...
Es gibt unzählige solcher Rosen;
sie bringen überallhin
Befreiung, Toleranz und Schönheit.

Erzengel Chamuel, ich bitte dich,
verstärke all diese Gaben!

Jetzt sehe ich, wie sich die Menschen
gegenseitig diese Rosen schenken,
in meiner Familie, im Freundes- und
Bekanntenkreis, in meiner Stadt,
meinem Volk und allen Völkern.

Wir tragen diese Rosen weiter ins Naturreich,
zu den Wesen der Elemente,
zu den Gruppengeistern der Tiere
und zu allen Wesen, die der Erde dienen.

Überall nimmt man
voller Freude die Rosen entgegen,
und Liebe strahlt zurück.

Mittwoch

Vierter Strahl – Kristallweiß

MEISTER SERAPIS BEY
Erzengel Gabriel

Ich sehe eine weiße Wolke
auf mich zukommen.
Je mehr sie sich nähert,
umso deutlicher erkenne ich
in ihrer Mitte
einen funkelnden, geschliffenen Kristall.

Ich schaue eine Weile in ihn hinein,
sehe seine Reinheit und Klarheit,
wie sich das Licht
an seinen Facetten bricht und
in vielen Farben
von ihm ausstrahlt.

Jetzt fühle ich, wie meine Körper
diese Reinheit und Klarheit
angenommen haben
und wie das Licht
aus meinem Innern hervorleuchtet.

Und nun breitet sich dieses Licht
weiter über die ganze Erde aus.

Donnerstag

Fünfter Strahl – Grün

Meister Hilarion
Erzengel Raphael

Ich sehe eine Öllampe
(das Symbol der unnachgiebigen Suche
nach Wahrheit)
mit leuchtend grüner Ausstrahlung.

Ich stelle mich in dieses grüne Licht,
lasse es auf mich wirken und fühle,
wie es mich umgibt.

Ich atme es ein und
fülle damit meine Körper,
erst meinen stofflichen Körper,
dann den Ätherkörper,
den Gefühlskörper
und den Gedankenkörper.

Nun bin ich ganz von grünem Licht erfüllt
und nehme es dankbar an.

Jetzt atme ich es
über die ganze Erde aus und
erkenne, wie es von allem Leben
angenommen wird.

Freitag

Sechster Strahl – Rubin und Pink

MEISTER JESUS UND LADY NADA

Erzengel Uriel

Ich sehe am Himmel
eine Friedenstaube
in einer rubinrot-goldenen Wolke.

Langsam senkt sich diese Wolke zur Erde,
so daß alles
in eine rubinrot-goldene Strahlung
eingehüllt ist.

Alles, was lebt,
atmet diese Friedenssubstanz ein.

Indem ich bewußt atme,
ziehe ich Frieden in meine Welt.
Ich fühle, wie diese Eigenschaft in mir wächst,
wie sie sich ausdehnt,
in meiner Familie, in allen,
mit denen ich in Berührung komme,
und wie der Frieden immer
weitere Kreise zieht.

Ich sehe und fühle nun den Frieden
auf der ganzen Erde verwirklicht.

Samstag

Siebter Strahl – Violett

Meister St. Germain
Erzengel Zadkiel

Ich sehe vor mir eine Fackel
mit der Violetten Flamme.
Ich nehme sie in die Hand und
verankere sie fest vor mir im Boden.

Ich atme auf die Flamme, damit sie auflodert
und zu einem mächtigen Pfeiler
aus Violettem Licht emporwächst.

Ich stelle mich in dieses Feuer hinein,
überlasse mich ihm ganz und nehme es an.
Es lodert durch meine Körper,
es lodert durch meine Angelegenheiten
und durch alles, was
mit meinem Leben verbunden ist.

Ich dehne dieses Feuer aus
durch das Haus, durch meine Stadt,
mein Land und über die ganze Erde.
Und nun sende ich es auch in die Astralwelt.

Ich fühle, wie alles gebundene Leben befreit wird.
Das erfüllt mich mit Dankbarkeit gegenüber
der Tätigkeit des Violetten Feuers.

Die Kräfte und Eigenschaften der Edelsteine

Achat

Verschiedene Variationen der farbigen Chalcedone; weiß, grau-weiß und schwarz-weiß, gewöhnlich in Streifen-, Wolken- und Moos-ähnlicher Musterung.

Ein Stein für das allgemeine Wohlbefinden, senkt die Temperatur bei Fieber. Stärkt die Persönlichkeit und das Selbstwertgefühl.

Kosmische Meister:
Serapis Bey im Reinen Strahl, Lao Tse und Kuan Yin

Amethyst

Lila-violetter Quarzkristall.

Verleiht Schutz gegen Blutkrankheiten.

Er fördert das kreative Denken, ist gut für die Meditation und im allgemeinen für die spirituelle Reinigung und Entwicklung; beruhigt in Streßsituationen.

Kosmische Meister: *St. Germain und Lady Portia*

Aquamarin

Durchsichtiger blau/grüner Beryll.

Ist gut für die Augen, hilft bei Leber- und Magenbeschwerden. Der Stein der Seher und der Mystiker.

Kosmische Meister: *El Morya und Lady Miriam, Hilarion*

Bergkristall

Reiner, durchsichtiger Quarzkristall. Enthält manchmal Gold.

Ein großer Heiler, hilft dem Träger beim intuitiven Denken.

Kosmische Meister: *Serapis Bey, Lady Nada und Jesus Christus, Pallas Athene und Aeolus, Sanat Kumara*

Bernstein

Gelbes, durchsichtiges fossiles Harz.

Kann angewendet werden bei Rheuma-, Magen-, Darmbeschwerden, Ohrenschmerzen und Asthma.

Kosmische Meister:
Kuthumi, Pallas Athene und Aeolus, Sanat Kumara

Blutjaspis (Heliotrop)

Grüner Quarz mit roten Punkten.

Stärkt den Willen, Gutes zu tun.

Kosmische Meister: *Lady Nada mit Jesus Christus, Hilarion*

Carneol (Karneol)

Ein orange bis orangerotes Quarzaggregat der Chalcedonfamilie.

Empfohlen für Probleme im unteren Wirbelsäulenbereich.

Kosmische Meister: *Lady Nada mit Jesus Christus*

Citrin (Zitrin)

Gelber Quarzkristall

Gibt dem Träger Kontrolle über seine Emotionen.

Kosmische Meister:
Kuthumi, Pallas Athene und Aeolus, Sanat Kumara

Diamant

Farbloser oder leicht getönter Stein aus reinem Kohlenstoff.

Wenn er durchsichtig und ohne Makel ist, wird er als der wertvollste aller Edelsteine betrachtet.

Kosmische Meister: *Serapis Bey, Lady Nada und Jesus Christus*

Granat

Dunkelrotes glasähnliches Gestein, das in der Bibel als „Karfunkelstein" erwähnt wird.

Schützt gegen Depressionen und Hautkrankheiten.
Verleiht Selbstvertrauen.

Kosmische Meister: *Lady Nada und Jesus Christus*

Jade

Harter grüner, blauer oder weißer Stein, ein Calcium-Magnesium-Silicat. Das Wort „Jade" stammt aus dem Lateinischen und bedeutet „Leiste".

Der Stein hat den Ruf, bei Schmerzen in der Seite zu helfen.
Er wird hauptsächlich bei Nierenbeschwerden angewendet.

Kosmische Meister: *Hilarion*

Jaspis

Undurchsichtiges Quarzaggregat, meist rot, gelb oder braun.

Kann den Geruchssinn verbessern. Hilft bei Leber- und Nierenbeschwerden.

Kosmische Meister:
Lady Nada und Jesus Christus, Pallas Athene und Aeolus

Koralle

Rote, rosa oder weiße harte kohlensaure Kalksubstanz, gewachsen auf dem Grund des Meeres, bestehend aus Skeletten von winzigen Meerestieren.

Kann helfen bei Anämie und Blasenbeschwerden.

Kosmische Meister:
Lady Nada und Jesus Christus, Pallas Athene und Aeolus

Lapislazuli

Intensiv blaues Aluminiumsilicat mit Natriumgehalt.

Empfohlen bei Herz- und Milzproblemen.

Kosmische Meister:
El Morya und Lady Miriam, Orion und Angelika

Malachit

Manchmal „Falscher Smaragd“ genannt, ein wasserhaltiges Kupfercarbonat, grünes Gestein mit hohem Glanz.

Sein Kupferinhalt hilft bei der Regulierung des Menstruationszyklusses.

Kosmische Meister: *Hilarion, Orion und Angelika*

Mondstein

Kalifeldspat, ein durchscheinendes, pastellfarbenes Gestein.

Verleiht Inspiration und verstärkt das emotionelle Leben.

Kosmische Meister:
St. Germain und Lady Portia, Lao Tse und Kuan Yin

Obsidian

Kieselsäurereiches Lavagestein, meist schwarz, rot-braun oder braun.

Schärft das innere und das äußere Sehen.

Kosmische Meister: *Lady Nada und Jesus Christus*

Onyx

Eine Art Achat, manchmal wie der Fingernagel gefärbt und zur Herstellung von Kameen verwendet. Manchmal mit roten, blauen oder braunen Streifen durchzogen, manchmal auch schwarz.

Hilft bei Hörstörungen.

Kosmische Meister:
St. Germain und Lady Portia, Lao Tse und Kuan Yin

Opal

In allen Farben schimmerndes Gel aus Kieselsäure und Wasser. Meistens milchweiß oder blau mit grünem, gelbem oder rotem Schimmer. Als „Regenbogen-Tropfen" bekannt.

Da diese Steine eine hohe Menge an Wasser und Luft enthalten, helfen sie bei Atembeschwerden.

Kosmische Meister: *St. Germain und Lady Portia*

Peridot (Olivin)

Chrysolartig, durchscheinend gelb/grüne Farbe.

Kann die Verdauung unterstützen, wohltuend für die Unterleibsorgane.

Kosmischer Meister: *Hilarion*

Pyrit (Katzengold)

Eisen- oder Schwefelkies.

Fördert die Sauerstoffzufuhr ins Blut und stärkt den Kreislauf.

Kosmische Meister:
Lady Nada mit Jesus Christus, Orion und Angelika

Rosenquarz

Rosa getönt.

Belebt die Vorstellungskraft, wirkt beruhigend auf die Gefühle.

Kosmische Meister:
Lady Nada und Jesus Christus, Pallas Athene und Aeolus

Rubin

Tiefrotfarbig, manchmal auch purpur oder sogar blaßrosa.

Unterstützt die Intuition und gibt Denkanstöße. Geeignet für die Erdung und die Erdenergien.

Kosmische Meister: *Lady Nada und Jesus Christus*

Rutilquarz

Dieser Stein harmonisiert die endokrinen Drüsen und hilft bei bronchialen Leiden.

Kosmischer Meister: *Serapis Bey*

Saphir

Durchsichtige Korundart, meistens eine tiefdunkle Farbe.

Der Stein der Heiligen, der Heiler und der Yogis. Fördert die Hingabe, den Glauben, die Vorstellungskraft und den inneren Frieden.

Kosmische Meister:
El Morya und Lady Miriam, Orion und Angelika

Smaragd

Grüner Beryll.

Hilft bei Schlaflosigkeit im Zusammenhang mit Herzbeschwerden und dem Herzchakra.
Verbessert den Intellekt und das Gedächtnis.

Kosmischer Meister: *Hilarion*

Tigerauge

Goldbraunes, gestreiftes, parallelstengliges Quarzaggregat.

Hilft, die eigenen Fehler einzusehen, und fördert die klare Wahrnehmung und das klare Denken.

Kosmische Meister: *Lao Tse und Kuan Yin*

Topas

Durchscheinendes oder durchsichtiges Tonerdesilicat. Gelb, weiß, grün, blau oder farblos.

In der Bibel versinnbildlicht der Stein die Weisheit.

Kosmische Meister: *Kuthumi, Sanat Kumara*

Türkis

Undurchsichtiges himmelblaues oder grün-blaues Gestein.

Ein schützender Stein, dafür bekannt, daß er negative Schwingungen aufnimmt.

Kosmische Meister:
El Morya und Lady Miriam, Hilarion, Orion und Angelika

Turmalin

Vielfarbiges Gestein, das kräftige elektrische Eigenschaften besitzt.

Fördert die Inspiration, den guten Willen, die Freundschaft und verleiht Selbstvertrauen.

Kosmische Meister: *Lao Tse und Kuan Yin*

Zirkon

Meist farblos, grün, blau, rot und gelbgold.

Hilft bei Leberbeschwerden.

Kosmische Meister: *Kuthumi, Serapis Bey*

AURA-SOMA
Ätherische Öle

Arnika

Eine Bergart der Tabakpflanze. Ein wertvolles Kraut bei Notfällen. Anwenden bei Verrenkung, Prellung, Schock und oberflächlichen Wunden. In der Notfall-Balance-Flasche (rescue B1) enthalten.

Basilikum

Ein aromatisches Kraut. Ausgezeichnet als Nerventonikum. Verleiht Aufschwung. Klärt den Kopf und stärkt den Willen. Sehr gut als Badezusatz und zum Inhalieren.

Bergamotte

Gehört zu den Zitrusfrüchten. Beim Sonnenbaden zu verwenden, kann aber Sommersprossen verursachen. In vielen Parfüms enthalten. Gut gegen übermäßiges Schwitzen. Geeignet gegen Schuppenflechten, wenn es zusammen mit Lavendel angewendet wird. Als Zusatz in Earl Grey-Tee.

Cajeput

Aus dem malaiischen Melaleuca-Baum gewonnen. Schmerzlindernd. Als Zusatz in Massage-Öl bei Arthritis. Zur gelb/ roten Balance-Flasche (B5) hinzufügen gegen Frostbeulen. Zum Inhalieren.

Eukalyptus

Wird aus den Blättern gewonnen. Unterstützt das Abwehrsystem, besonders die Atemwege. Gut zum Inhalieren. Im Massageöl enthalten gegen Rheuma. Gegen Mücken.

Johanniskraut

Ein großer Heiler bei Wunden und Verbrennungen. Unterstützt den Metabolismus und die Gallenabsonderung. Fördert den Kreislauf. Gegen Depressionen. Hilft bei Schlafstörungen.

Kamille

Als Mittel gegen Fieber seit den ägyptischen Zeiten. Wirkt beruhigend auf Magen, Nerven und entzündete Haut. Zur gelb/goldenen Balance-Flasche hinzufügen gegen Hitzewallungen der Wechseljahre.

Karottenöl

Reich an gesättigten Fettsäuren, wird deshalb nicht ranzig. Enthält eine hohe Menge an Vitamin E und besitzt nährende und regenerative Eigenschaften für die trockene Haut. Geeignet für Hornhaut und verhärtete Stellen.

Lavendel

Je höher in den Bergen er gesammelt wird, desto besser die Qualität. Eine wertvolle Essenz. Wirkt antiseptisch und heilend besonders bei Verbrennungen und Hautausschlägen. Ein Herztonikum, hilft bei niedrigem Blutdruck. Gegen Kopfschmerzen.

Lorbeer

Regeneriert, insbesondere die Haut. Lindert Entzündungen. Prophylaktisch gegen Vernarbung des Gewebes. Aktiviert das Haarwachstum.

Majoran

Eine sehr beruhigende Essenz. Gegen Krämpfe, wirkt entspannend. Wirkt auf das vegetative Nervensystem. Gut im Massageöl für hyperaktive Menschen. Wird in Griechenland angewendet, um frischgebackene Eheleute zu segnen.

Nelkenöl

Gegen Neuralgien und Krämpfe. Ausgezeichnet bei Zahnschmerzen. Um die Luft und die Umwelt zu reinigen. Als Abwehrmittel gegen Insekten.

Neroli (Orangenblüte)

Wird aus den Blüten gewonnen. Ausgezeichnet bei reifer Haut, gegen Falten. Wirkt verjüngend. Als Sedativum, gegen Schlaflosigkeit. In Parfüms.

Origano (wilder Majoran)

Entspannt Krämpfe. Entzündungshemmend, besonders für die Verdauungsorgane und die Atemwege. Zum Gurgeln, Inhalieren und zur Anwendung in Bädern.

Ringelblume (Calendula)

Als Arznei im Garten für kranke Kräuter, Früchte oder Blumen. Hervorragend bei der Behandlung von Schnitten, wunden Stellen und entzündeter Haut. Bietet eine gute Linderung bei Gürtelrose in Verbindung mit Johanniskraut und Cajeput als Zusatz zu der gelb/goldenen Balance-Flasche (B4).

Rosengeranie

Wird aus den Zweigen und Blättern gewonnen. Harmonisiert das Hormonsystem. Gut gegen Neuralgien und Schock. Eine sehr wohltuende Essenz. Wirkt auf den Kreislauf und belebt die matte Haut und gestautes Gewebe. Wirkt adstringierend auf eine milde Weise.

Salbei

Wird aus den Blüten und Blättern gewonnen. Hauptsächlich angewendet in Massageöl bei Muskelschmerzen und Rheuma. Hilft bei Ödemen. Wirkt beruhigend bei Hysterie. Zum Gurgeln bei Halsweh und entzündetem Zahnfleisch. Gemischt mit Basilikum, um das Schwitzen zu regulieren.

Sandelholz

Wird gebrannt, zum Reinigen. In der Hindu-Tradition angewendet. Entzündungshemmend, besonders für die Nieren. Sehr gut für trockene Haut. Innerliche Anwendung bei Katarrh und trockenem Husten.

Speiklavendel

Der männliche Lavendel. Aus dem Speik der Blüte (auch Spiek genannt) gewonnen. Kräftiger und anregender, unterstützt die Männlichkeit. Ausgezeichnet für Morgenbäder.

Veilchen

Ein sehr teures Öl. Wirkt antiseptisch. Lindernd bei Krebs. Sehr wirksam als harntreibendes Mittel. Gut gegen gestaute Haut.

Wacholderbeeren

Nicht giftig. Zum Desinfizieren. Um das Blut und die Nieren zu reinigen. Stärkt das Nervensystem. Im Massageöl gegen Rheuma. Bei Krampfadern und Hautausschlag. Wird gern mit einem Tropfen Rosmarinöl gemischt.

Wacholderholz

Aggressiver in der Wirkung: nicht zum Einnehmen. Wurde in den Tempeln verbrannt und zum Einbalsamieren benutzt. Als Badezusatz. Gegen Phobien der Rescue-Flasche beifügen und danach in die grüne Balance-Flasche. Nach Alpträumen.

Wintergrün

Wirkt kühlend bei Fieber. Giftig, NICHT FÜR DIE INNERE ANWENDUNG GEEIGNET. Stark harntreibendes Mittel. Gegen Ödeme, bei Hautwunden. Geeignet als Badezusatz und in Massageöl.

Ylang-Ylang

Wächst im Osten. Die Essenz wird aus den Blüten gewonnen. Mildes Sedativum. Ein feines Aphrodisiakum. Gut mischbar mit anderen Essenzen. Häufig angewendet in der Herstellung von Parfums.

Zitronenmelisse

Zusammen mit Eukalyptus und Cajeput gut gegen Mücken und Wespen. Als Deodorant. Harmonisiert das Herz, den Blutdruck und das Nervensystem. Wohltuend bei Menstruationsbeschwerden. Gegen Depressionen.

Alle Essenzen sind
sehr wohltuend im Badewasser.